毎日5分間でやる気脳に

このドリルは、国語の基礎・基本を細かいステップで組み立ててあり、短時間で、順を追って無理なく学習できます。

子どもたちが興味を持って取り組めるよう短い内容でのせています。

お子さんが1ページやり終えるごとに、しっかりほめてあげてください。

ほめられることで脳からドーパミン（脳のホルモン）が出て、「やる気が育つ」ことが科学的に確認されています。

「5分間国語ドリル」で、やる気脳を育てましょう！

「ドリルをする」
←「ほめられる」
←「ドーパミンが出る」
←「やる気が育つ」

この循環で、子どもの脳はきたえられ、かしこくなっていきます。

そうなるように工 [illegible] ドリルを作りました。

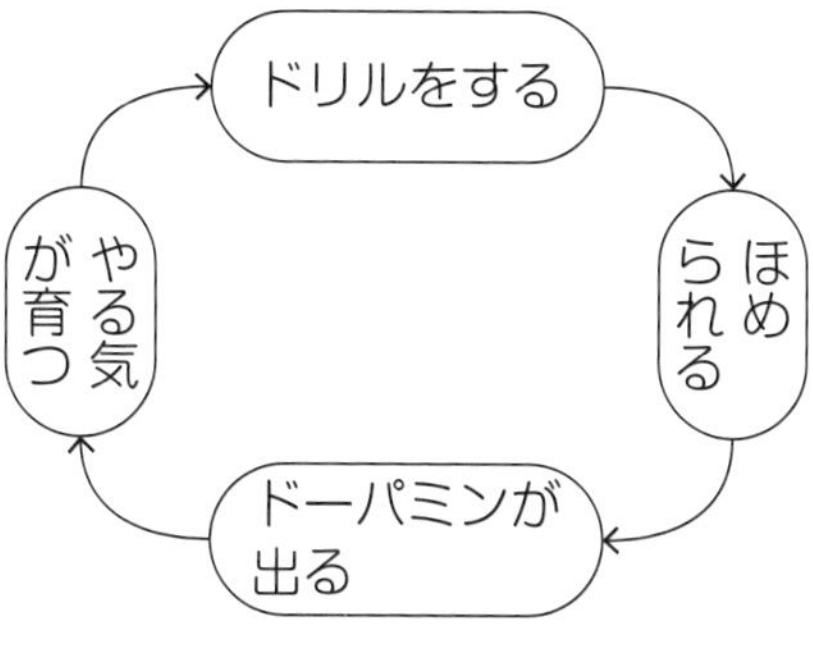

5分間国語ドリルの特色

一日5分、集中してできる

子どもたちが興味を示しそうな内容を短い文章・設問にしたので、楽しく取り組めます。

毎日続けられる

家庭学習の習慣がつきます。

丸つけも、かんたん

問題数が少ないので、丸つけも負担になりません。

つまった問題は、もう一度挑戦してください。

タイトル		できた度			タイトル		できた度		
1	かたかな　①	☆	☆☆	☆☆☆	21	こそあどことば　②	☆	☆☆	☆☆☆
2	かたかな　②	☆	☆☆	☆☆☆	22	つなぎことば　①	☆	☆☆	☆☆☆
3	かたかな　③	☆	☆☆	☆☆☆	23	つなぎことば　②	☆	☆☆	☆☆☆
4	かたかな　④	☆	☆☆	☆☆☆	24	うごきをあらわす ことば　①	☆	☆☆	☆☆☆
5	かなづかい　①	☆	☆☆	☆☆☆	25	うごきをあらわす ことば　②	☆	☆☆	☆☆☆
6	かなづかい　②	☆	☆☆	☆☆☆	26	ようすをあらわす ことば　①	☆	☆☆	☆☆☆
7	組み合わせた ことば　①	☆	☆☆	☆☆☆	27	ようすをあらわす ことば　②	☆	☆☆	☆☆☆
8	組み合わせた ことば　②	☆	☆☆	☆☆☆	28	文の形　①	☆	☆☆	☆☆☆
9	「じ」と「ぢ」の つかい方	☆	☆☆	☆☆☆	29	文の形　②	☆	☆☆	☆☆☆
10	「ず」と「づ」の つかい方	☆	☆☆	☆☆☆	30	文の形　③	☆	☆☆	☆☆☆
11	はんたいの　いみの ことば	☆	☆☆	☆☆☆	31	かん字の しりとり　①	☆	☆☆	☆☆☆
12	ていねいな 言い方　①	☆	☆☆	☆☆☆	32	かん字の しりとり　②	☆	☆☆	☆☆☆
13	ていねいな 言い方　②	☆	☆☆	☆☆☆	33	かん字の しりとり　③	☆	☆☆	☆☆☆
14	「　」の　つかい方	☆	☆☆	☆☆☆	34	四字じゅく語　①	☆	☆☆	☆☆☆
15	しゅご	☆	☆☆	☆☆☆	35	四字じゅく語　②	☆	☆☆	☆☆☆
16	じゅつご	☆	☆☆	☆☆☆	36	じゅく語づくり　①	☆	☆☆	☆☆☆
17	くわしくする ことば　①	☆	☆☆	☆☆☆	37	じゅく語づくり　②	☆	☆☆	☆☆☆
18	くわしくする ことば　②	☆	☆☆	☆☆☆	38	じゅく語づくり　③	☆	☆☆	☆☆☆
19	すぎさった形の文	☆	☆☆	☆☆☆	39	なかまの かん字　①	☆	☆☆	☆☆☆
20	こそあどことば　①	☆	☆☆	☆☆☆	40	なかまの かん字　②	☆	☆☆	☆☆☆

	タイトル	できた度				タイトル	できた度		
41	かん字　①	☆	☆☆	☆☆☆	61	だれが	☆	☆☆	☆☆☆
42	かん字　②	☆	☆☆	☆☆☆	62	何が	☆	☆☆	☆☆☆
43	かん字　③	☆	☆☆	☆☆☆	63	どうする	☆	☆☆	☆☆☆
44	かん字　④	☆	☆☆	☆☆☆	64	いつ	☆	☆☆	☆☆☆
45	かん字　⑤	☆	☆☆	☆☆☆	65	どこで	☆	☆☆	☆☆☆
46	かん字　⑥	☆	☆☆	☆☆☆	66	なぜ	☆	☆☆	☆☆☆
47	かん字　⑦	☆	☆☆	☆☆☆	67	どんな	☆	☆☆	☆☆☆
48	かん字　⑧	☆	☆☆	☆☆☆	68	ざしきぼっこの話	☆	☆☆	☆☆☆
49	かん字　⑨	☆	☆☆	☆☆☆	69	ねこ	☆	☆☆	☆☆☆
50	かん字　⑩	☆	☆☆	☆☆☆	70	オオカミと 七ひきのヤギ	☆	☆☆	☆☆☆
51	かん字　⑪	☆	☆☆	☆☆☆	71	道あん内する　虫	☆	☆☆	☆☆☆
52	かん字　⑫	☆	☆☆	☆☆☆	72	ホットケーキ	☆	☆☆	☆☆☆
53	かん字　⑬	☆	☆☆	☆☆☆	73	水ぞくかんの　岩	☆	☆☆	☆☆☆
54	かん字　⑭	☆	☆☆	☆☆☆	74	ラクダ	☆	☆☆	☆☆☆
55	かん字　⑮	☆	☆☆	☆☆☆	75	ツバメ	☆	☆☆	☆☆☆
56	かん字　⑯	☆	☆☆	☆☆☆	76	クモの　糸	☆	☆☆	☆☆☆
57	かん字　⑰	☆	☆☆	☆☆☆	77	電話を　かける　とき	☆	☆☆	☆☆☆
58	かん字　⑱	☆	☆☆	☆☆☆	78	回てんずし	☆	☆☆	☆☆☆
59	かん字　⑲	☆	☆☆	☆☆☆	79	ゆうびんポスト	☆	☆☆	☆☆☆
60	かん字　⑳	☆	☆☆	☆☆☆	80	おやつ	☆	☆☆	☆☆☆

月　日

1 かたかな ①

ひらがなを　かたかなに　直《なお》して　書《か》きましょう。

① みるく
ミ
ル
ク

② ここあ

③ がらす

④ ばけつ

⑤ ぴあの

⑥ くいず

⑦ ごむ

⑧ どあ

⑨ ないふ

⑩ ぽすと

月　日

2 かたかな ②

ひらがなを　かたかなに　直《なお》して　書《か》きましょう。

① しいる　シール

② けえき　ー

③ ちいむ　ー

④ はあと　ー

⑤ ごおる　ー

⑥ めえる　ー

⑦ はあもにか　ー

⑧ はんばあぐ　ー

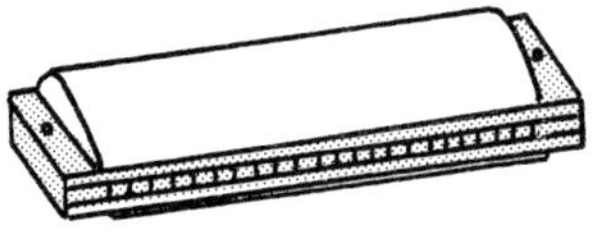

3 かたかな ③

ひらがなを　かたかなに　直《なお》して　書《か》きましょう。

① かっぷ　カップ

② きっぷ

③ もっぷ

④ のっく

⑤ よっと

⑥ らっぱ

⑦ ろけっと

⑧ かすたねっと

月　日

4 かたかな ④

ひらがなを かたかなに 直《なお》して 書《か》きましょう。

① てんと　テント

② きんぐ

③ らんち

④ たんく

⑤ さんた

⑥ ばとん

⑦ じゃんぐる

⑧ きゃんでぃい　ー

月　日

5 かなづかい ①

つぎの 文で、正しい 方《ほう》を ○で かこみましょう。

① ［は　わ］たし［は　わ］、ねこ［を　お］ だいています。

② ［を　お］かあさん［を　お］ むか［へ　え］に 行《い》きました。

③ おと［う　お］とと、うで［づ　ず］もう［を　お］ しました。

④ お［お　う］きな ゆのみ［ぢ　じ］ゃわんで のみます。

月　日

6 かなづかい ②

□に 合《あ》う 字を ［　］から えらんで 書《か》きましょう。

① わたし□、二年生です。

② けしゴム□、□としました。

③ □つかいで、□な□買《か》いました。

④ えきま□の 店《みせ》□行《い》きました。

は　お　を　え　へ

7 組み合わせた　ことば　①

つぎの　ことばを　組《く》み合《あ》わせて、ことばを　作《つく》りましょう。

（れい）かみ　＋　ふうせん
↓
かみふうせん

① なつ　＋　やすみ
↓

② ほうせき　＋　はこ
↓

③ つむ　＋　かさねる
↓
つみかさねる

④ はしる　＋　まわる
↓

8 組み合わせた　ことば　②

月　日

つぎの　組《く》み合《あ》わせことばを、二つの　ことばに　分《わ》けましょう。

（れい）きゅうしょくとうばん
↓
きゅうしょく ＋ とうばん

① ひこうきぐも
↓
[ ] ＋ [ ]

② ききながす
↓
きく ＋ ながす

③ なきさけぶ
↓
[ ] ＋ [ ]

④ たべのこす
↓
[ ] ＋ [ ]

9 「じ」と「ぢ」のつかい方

つぎの 文で、正しい 方《ほう》を ○で かこみましょう。

① 大きな {ぢ じ} しんが おこる。

② {ぢ じ} かんが たつ。

③ はな {ぢ じ} が 出た。

④ かん {ぢ じ} で 書《か》いた。

⑤ すう {ぢ じ} を ならべる。

⑥ {ぢ じ} しゃくに くっつく。

⑦ み {ぢ じ} かな 人の 話《はなし》。

⑧ {ぢ じ} まん話《ばなし》を する。

⑨ 目 {ぢ じ} からが ある。

⑩ {ぢ じ} めんに おちる。

月　日

10 「ず」と「づ」のつかい方

つぎの 文で、正しい 方《ほう》を ○で かこみましょう。

① （ず・づ）が工作《こうさく》。

② 線《せん》ろは つ（ず・づ）く。

③ （ず・づ）つうが なおる。

④ みか（ず・づ）きが 見える。

⑤ にん（ず・づ）うを 数《かぞ》える。

⑥ こ（ず・づ）つみが とどく。

⑦ せんば（ず・づ）るを おる。

⑧ 金《かな》（ず・づ）ちで うつ。

⑨ だい（ず・づ）を 食《た》べる。

⑩ 赤（ず・づ）きんちゃん。

11 はんたいの　いみの　ことば

つぎの ことばと はんたいの いみの ことばを ［　］から えらんで 書《か》きましょう。

① 長《なが》い ［　］

② あつい ［　］

③ 高《たか》い ［　］

④ 早い ［　］

⑤ 遠《とお》い ［　］

⑥ かつ ［　］

⑦ ふえる ［　］

⑧ 上がる ［　］

おそい　近《ちか》い　下がる　みじかい

へる　ひくい　まける　さむい

月　日

12 ていねいな　言い方　①

つぎの　文を、ていねいな　言《い》い方《かた》で　書《か》きましょう。

（れい）ぼくは、お茶《ちゃ》を　のむ。
　　　←ぼくは、お茶を　のみます。

① わたしは、弟《おとうと》と　学校へ　行《い》く。

② 犬が、手を　ペロペロと　なめた。

③ 夕方《ゆうがた》、きゅうに　雨が　ふってきた。

月　日

13 ていねいな　言い方　②

つぎの　文を、ふつうの　言《い》い方《かた》で　書《か》きましょう。

（れい）わたしは、ボールを　なげました。

← わたしは、ボールを　なげた。

① 公園《こうえん》で　せみが　鳴《な》いています。

② たくさんの　はとが、いっせいに　とび立ちました。

③ みんなで、きゅう食《しょく》の　用《よう》いを　します。

14 「　」の　つかい方

つぎの　文しょうから　話《はな》しことばを　見つけて、「　」（かぎかっこ）を　つけましょう。

学校から　帰《かえ》ると、おかあさんが
おかえり。
と　言《い》いました。
わたしは、
ただいま。
と　言って、ランドセルを　げんかんに　おきました。
そこへ　妹《いもうと》が　やってきて、
おねえちゃん　あそぼう。
と　言うので、どうしようかなあ。と　考《かんが》えました。

月　日

15 しゅご

つぎの 文の しゅごに ―を 引《ひ》きましょう。

（れい） わたしの 名前《なまえ》は、かれんです。

① 校長《こうちょう》先生は、朝《あさ》早く 学校に 来《き》ています。

② ぼくの 姉《あね》は、デパートで はたらいています。

③ きつねが、じっと こちらを 見ています。

④ 赤色《あかいろ》の 自《じ》どう車《しゃ》が、角《かど》を まがってきました。

⑤ 電《でん》しんばしらの 上で、からすが 鳴《な》いています。

16 じゅつご

つぎの　文の　じゅつごに　――を　引《ひ》きましょう。

（れい）きれいな　星《ほし》が、夜空《よぞら》に　かがやいています。

① 子ねこが、　はこの　中で　鳴《な》いています。

② わたしは、　家《か》ぞくで　えいがかんに　行《い》きました。

③ ぼくたちは、　電車《でんしゃ》に　手を　ふりました。

④ おかあさんは、　レジで　お金を　はらいました。

⑤ 友《とも》だちの　家《いえ》で、　おかしを　食《た》べました。

17 くわしくする ことば ①

月　日

つぎの □ を くわしくする ことばに、――を 引《ひ》きましょう。

（れい） はここには、<u>おいしそうな</u> ［ケーキが］ あります。

① わたしは、赤い ［リボンを］ えらびました。

② その 日は、つめたい ［雨が］ ずっと ふっていました。

③ えき前《まえ》の しょう店《てん》がいは、とても ［にぎやかだ］。

④ 三びきの ［子ねこが］、かきねの 下から のぞいていました。

⑤ あす 強《つよ》い ［台風《たいふう》が］、この 町に 近《ちか》づきます。

月　日

18 くわしくする ことば ②

つぎの ——の ことばは、1いつ、2どこで、3何《なに》を の どれですか。（ ）に番《ばん》ごうを 書《か》きましょう。

① おたまじゃくしが、池《いけ》で（ ）およいでいるのを 見ました。

② けさ、（ ）犬を さん歩《ぽ》に つれていきました。

③ きゅうきゅう車が 夜中《よなか》に（ ）サイレンを（ ）鳴《な》らしした。

④ えきで、（ ）母《はは》から にもつを（ ）うけとりました。

19 すぎさった形の文

つぎの　文を、すぎさった　言《い》い方《かた》で　書《か》きましょう。

（れい）体《たい》いくで、グラウンドを　走《はし》る。
　　体いくで、グラウンドを　走った。←

①学校で　かっている　うさぎに　えさを　やる。

②夏休《なつやす》みに、ラジオ体《たい》そうを　みんなで　する。

③かわいい　りすが、どんぐりを　さがしている。

月　日

20 こそあどことば ①

つぎの□に合《あ》う ことばを、□から えらんで 書《か》きましょう。

① けしゴムを ひろって 聞《き》きました。
「□は、だれの けしゴムですか。」

② 「あなたの もっている □は 何《なん》ですか。」

③ 空《そら》を とんでいる □は、からすです。

④ 「□に しようか、なやむなあ。」

これ　それ　あれ　どれ

21 こそあどことば ②

つぎの □ に 合《あ》う ことばを、□ から えらんで 書《か》きましょう。

① あなたは、□ から 来《き》たのですか。

② えきに つきました。□ が しゅう点《てん》です。

③ 遠《とお》くに 見える □ が、わたしの 町です。

④ にもつは □ に おいて、こっちに 来てください。

ここ　そこ　あそこ　どこ

22 つなぎことば ①

つぎの 文で、正しい 方《ほう》を ○で かこみましょう。

① しゅくだいを しようか、｛すると / それとも｝ゲームを しようか。

② 足が いたい。｛でも / だから｝がんばって 歩《ある》こう。

③ あつくなってきた。｛だから / しかし｝ あせが 出てきた。

④ スイッチを おした。｛ところが / すると｝ 明《あ》かりが つかない。

月　　日

23 つなぎことば ②

つぎの［　］に 合《あ》う ことばを、［　］から えらんで 書《か》きましょう。

① 手を あらった。［　　］ うがいも した。

② 雨が ふっている。［　　］ 遠足《えんそく》は 中止《ちゅうし》に なった。

③ こけてしまった。［　　］ さいごまで 走《はし》った。

④ まどをあけました。［　　］ 小鳥《ことり》が 入ってきました。

だから　すると　それから　でも

月　日

24 うごきをあらわすことば ①

うごきを　あらわす　ことばを　五つ　えらんで、○を　書《か》きましょう。

①（　）小さい

②（　）わらう

③（　）そうじき

④（　）やさしい

⑤（　）光《ひか》る

⑥（　）走《はし》る

⑦（　）かみなり

⑧（　）食《た》べる

⑨（　）おきる

⑩（　）黒《くろ》い

月　日

25 うごきをあらわすことば ②

文に合《あ》うように、□に ことばを 書《か》きましょう。

（れい） けしゴムが おちる。
↓ けしゴムを おとす。

① 車が 止《と》まる。
↓ 車を □。

② つみ木が くずれる。
↓ つみ木を □。

③ 電気《でんき》が きえる。
↓ 電気を □。

④ 花びんが われる。
↓ 花びんを □。

月　日

26 ようすをあらわすことば ①

□に合《あ》うことばを［　］からえらんで書《か》きましょう。

① こおりは［　　］。

② ふじ山《さん》は［　　］。

③ このカステラは［　　］。

④ 電気《でんき》をつけると［　　］。

⑤ ゆめがかなって［　　］。

明《あか》るい　やわらかい　つめたい　うれしい　高《たか》い

27 ようすをあらわすことば ②

□に 合《あ》う ことばを □から えらんで 書《か》きましょう。

① 赤ちゃんが □ そだつ。

② 雨が □ ふっている。

③ ほのおが □ ゆれている。

④ においを □ かぐ。

⑤ 風《かぜ》が □ ふいている。

しとしと
くんくん
そよそよ
すくすく
ゆらゆら

月　日

28 文の形　①

つぎの　文を、うちけしの　文に　して　書《か》きましょう。

（れい）妹《いもうと》は、ジュースを　のみます。
妹は、ジュースを　←　のみません。

① 夏休《なつやす》みは　学校に　行《い》きます。

② わたしの　家《いえ》では、犬を　かって　います。

③ 休み時間《じかん》に　なわとびを　します。

29 文の形　②

つぎの　文を、めいれいする　文に　して　書《か》きましょう。

（れい）　タオルを　きれいに　たたみます。
タオルを　きれいに　たたみなさい。

① あしたの　朝《あさ》は、早く　おきます。

② つくえの　上を、きれいに　かたづけます。

③ 家《いえ》に　帰《かえ》ったら、うがいを　します。

30 文の形 ③

つぎの 文を、たずねる 文に して 書《か》きましょう。

（れい） あしたは、国語《こくご》が あります。
　　　　あしたは、国語が ありますか。

① 外《そと》は、雨が ふっています。

② 朝《あさ》ごはんに、パンを 食《た》べました。

③ きのうの 夜《よる》は、早く ねました。

31 かん字の　しりとり　①

かん字の　しりとりを　しましょう。

（れい）一月《いちがつ》↓月日《つきひ》

① 父《ふ》□《ぼ》 ↓ 母《はは》□《うし》 ↓ 牛《ぎゅう》□《にく》

② 正《しょう》□《じき》 ↓ 直《ちょく》□《つう》 ↓ 通《つう》□《こう》

③ 今《こん》□《や》 ↓ 夜《や》□《はん》 ↓ 半《はん》□《ぶん》

④ 麦《むぎ》□《ちゃ》 ↓ 茶《ちゃ》□《みせ》 ↓ 店《てん》□《ちょう》

⑤ 父《ちち》□《おや》 ↓ 親《しん》□《せつ》 ↓ 切《きっ》□《て》

月　日

32 かん字の　しりとり　②

かん字の　しりとりを　しましょう。

(例) 夕日《ゆうひ》→日直《にっちょく》

①
遠《えん》□《そく》
↓
足《あし》□《がた》
↓
形《かた》□《み》

②
一《ひと》□《こと》
↓
言《げん》□《ご》
↓
語《ご》□《がく》

③
強《きょう》□《ふう》
↓
風《ふう》□《せつ》
↓
雪《ゆき》□《ぐも》

④
書《しょ》□《どう》
↓
道《みち》□《くさ》
↓
草《そう》□《げん》

⑤
本《ほん》□《ね》
↓
音《おん》□《がく》
↓
楽《らく》□《えん》

月　日

33 かん字の　しりとり　③

かん字の　しりとりを　しましょう。

(例) 上下《じょうげ》→下手《しもて》

①　北《きた》□《かぜ》→風《ふう》□《う》→雨《あま》□《ぐも》

②　戸《こ》□《がい》→外《そと》□《うみ》→海《かい》□《そう》

③　自《じ》□《ぶん》→分《ぶん》□《や》→野《の》□《はら》

④　船《ふな》□《で》→出《しゅつ》□《じょう》→場《ば》□《かず》

⑤　来《らい》□《てん》→店《みせ》□《ばん》→番《ばん》□《ち》

月　日

34 四字じゅく語 ①

□から じゅく語《ご》を えらんで、四字《よじ》じゅく語《ご》を 作《つく》りましょう。

① 前後《ぜんご》□□

② 一方《いっぽう》□□

③ 東西《とうざい》□□

④ 海上《かいじょう》□□

⑤ 林間《りんかん》□□

交通《こうつう》　学校　左右　南北《なんぼく》　通行《つうこう》

月　日

35 四字じゅく語　②

［　］から　じゅく語《ご》を　えらんで、四字《よじ》じゅく語を　作《つく》りましょう。

① 春《しゅん》夏《か》 □□

② 図《ず》画《が》 □□

③ 兄《きょう》弟《だい》 □□

④ 秋《あき》雨《さめ》 □□

⑤ 計《けい》算《さん》 □□

用《よう》紙《し》　秋《しゅう》冬《とう》　前《ぜん》線《せん》　工《こう》作《さく》　姉《し》妹《まい》

月　日

36 じゅく語づくり ①

□に合《あ》う字を［　］からえらんで書《か》きましょう。

①

	社	
大	□	話
	食	

②

	教	
理	□	目
	学	

③

	楽	
公	□	内
	長	

④

	父	
母	□	心
	子	

科　会　親　園

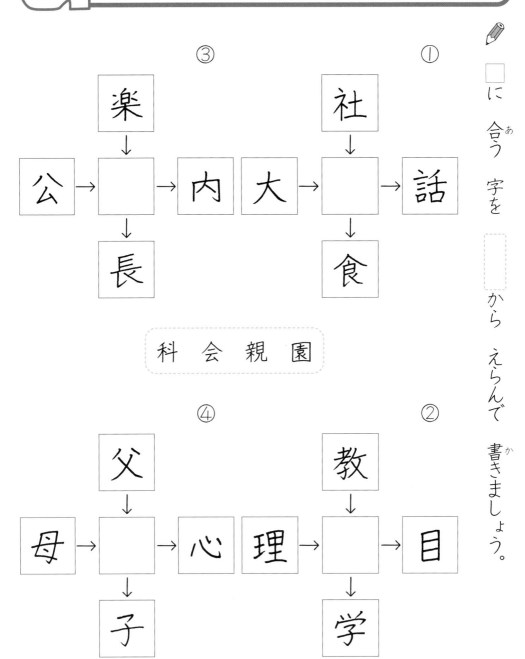

37 じゅく語づくり ②

□に合《あ》う字を［　］からえらんで書《か》きましょう。

①

言 ↓ □ ↓ 学

国 → □ → 気

②

市 ↓ □ ↓ 外

工 → □ → 内

③

自 ↓ □ ↓ 気

生 → □ → 力

④

大 ↓ □ ↓ 山

風 → □ → 雲

場　雪　活　語

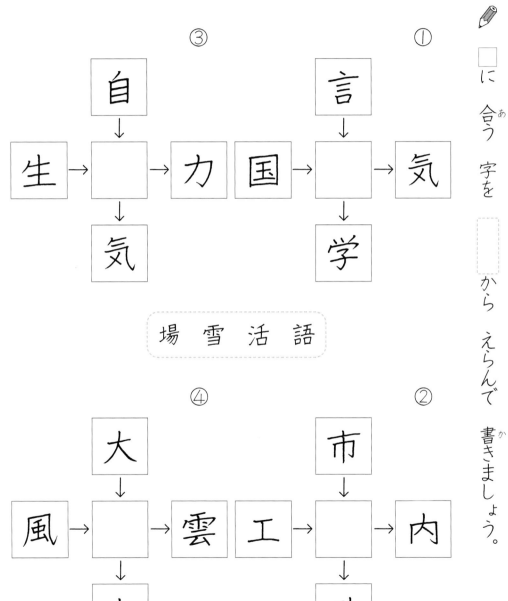

月　日

38 じゅく語づくり ③

□に合《あ》う字を［　］からえらんで書《か》きましょう。

①
- 歩 → □ → 場
- 市 → □ → 理

②
- 北 → □ → 雨
- 台 → □ → 力

③
- 日 → □ → 線
- 当 → □ → 後

④
- 会 → □ → 長
- 入 → □ → 内

風　道　社　直

月　日

39 なかまの　かん字　①

□から「はんたいの　ことば」を　えらんで　書《か》きましょう。

① 昼（夜）

② 古い（新しい）

③ 夏（　）

④ 前（　）

⑤ 東（西）

⑥ 多い（　）

⑦ 晴れ（　）

⑧ 姉（　）

⑨ 強い（　）

⑩ 内（　）

弱い　妹　後　夜　冬　西　少ない　外　雨　新しい

月　　日

40 なかまの　かん字　②

絵《え》を 見て、□に 合《あ》う かん字を 書《か》きましょう。

① □（あたま）

② □（かお）

③ □（くび）

④ □（からだ）

⑤ かみの □（け）

⑥ □（き）く

⑦ □（はし）る

⑧ □（ある）く

⑨ □（はな）す

⑩ □（た）べる

41 かん字 ①

（　）に 読《よ》みがなを 書《か》き、□には かん字を 書きましょう。

① （　）南西の（　）一番 星。
なん せい

② （　）体いくの（　）時間。
じ かん

③ （　）古い（　）新聞紙。
しん ぶん し

④ （　）交通ルール。
こう つう

月　日

42 かん字 ②

□に 合《あ》う かん字を 書《か》きましょう。

① □《なん》□《せい》の □《いち》□《ばん》□《ぼし》。

② □《たい》いくの □《じ》□《かん》。

③ □《ふる》い □《しん》□《ぶん》□《し》。

④ □《こう》□《つう》ルール。

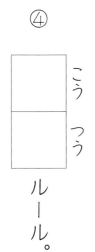

43 かん字 ③

（　）に 読《よ》みがなを 書《か》き、□には かん字を 書きましょう。

① 行（　）き 止（　）まりの 道（　）。

□《い》き □《ど》まり

② 合（　）い 言（　）ばは、何（　）。

□《あ》い □《こと》ば

③ 野外（　）の 強風（　）。

□《きょう》□《ふう》

④ 心（　）の 中（　）で 思（　）う。

□《こころ》の □《なか》

月　日

44 かん字 ④

□に 合《あ》う かん字を 書《か》きましょう。

① □《い》き□《ど》まりの□《みち》。

② □《あ》い□《こと》ばは、□《なに》。

③ □《や》□《がい》の□《きょう》□《ふう》。

④ □《こころ》の□《なか》で□《おも》う。

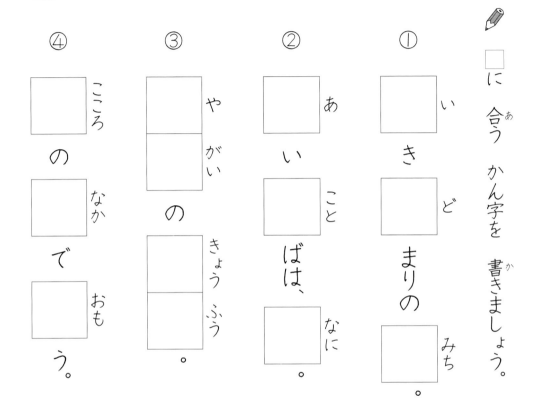

45 かん字 ⑤

（　）に読《よ》みがなを書《か》き、□にはかん字を書きましょう。

① 直線（　　）を 引（　　）く。

② 朝会（　　）での 歌声（　　）。

③ 知人（　　）の 刀（　　）。

④ 少（　　）ない 点数（　　）。

① ちょく せん □□

② ちょう かい □□

③ ち じん □□

④ てん すう □□

46 かん字　⑥

□に 合《あ》う かん字を 書《か》きましょう。

① □□《ちょくせん》を□《ひ》く。

② □□《ちょうかい》での□□《うたごえ》。

③ □□《ちじん》の□《かたな》。

④ □《すく》ない□□《てんすう》。

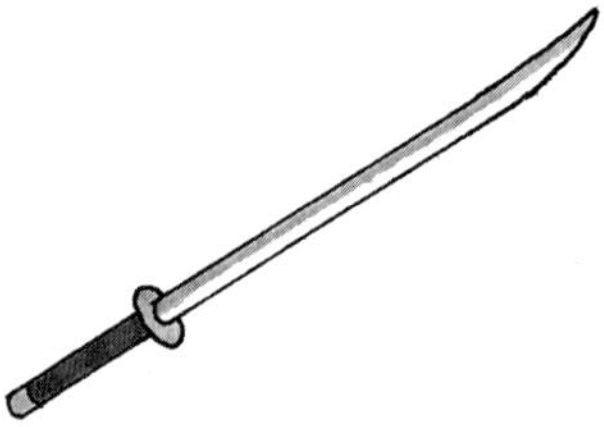

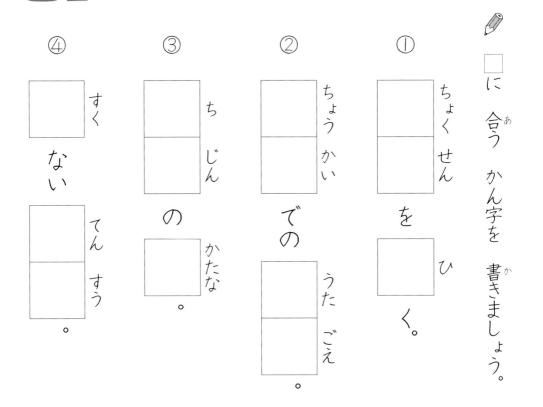

月　日

47 かん字 ⑦

（　）に 読《よ》みがなを 書《か》き、□には かん字を 書きましょう。

① 細長い（　）首。（　）（　）

ほそ　なが い

② 春夏秋冬の（　）絵。（　）

しゅん か しゅう とう

③ 今週の（　）当番。（　）

こん しゅう

④ 同時に（　）引っぱる。（　）

どう じ

月　日

48 かん字　⑧

□に 合《あ》う かん字を 書《か》きましょう。

① □《ほそ》□《なが》い □《くび》。

② □《しゅん》□《か》□《しゅう》□《とう》の □《え》。

③ □《こん》□《しゅう》の □《とう》□《ばん》。

④ □《どう》□《じ》に □《ひ》っぱる。

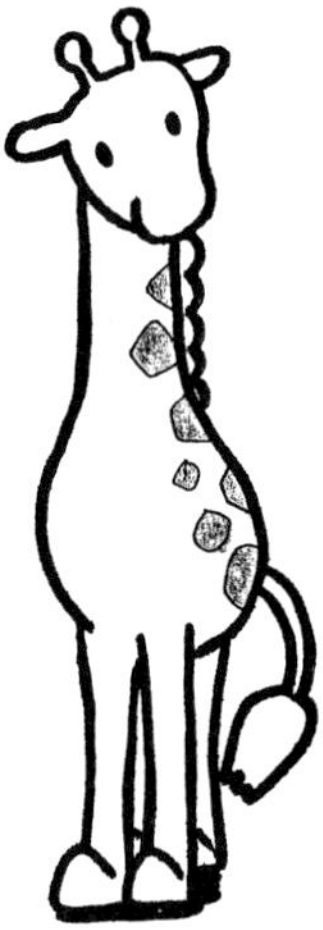

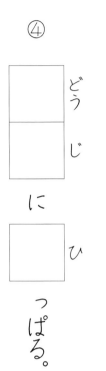

49 かん字 ⑨

（　）に 読《よ》みがなを 書《か》き、□には かん字を 書きましょう。

① （　　）市内の （　　）図書かん。

し□ ない□

② （　　）国語じてんを （　　）引く。

こく□ ご□

③ （　　）点線で （　　）切る。

てん□ せん□

④ （　　）三回半も （　　）回せる。

さん□ かい□ はん□

50 かん字 ⑩

□に 合《あ》う かん字を 書《か》きましょう。

① □《し》□《ない》の□《と》□《しょ》かん。

② □《こく》□《ご》じてんを□《ひ》く。

③ □《てん》□《せん》で□《き》る。

④ □《さん》□《かい》□《はん》も□《まわ》せる。

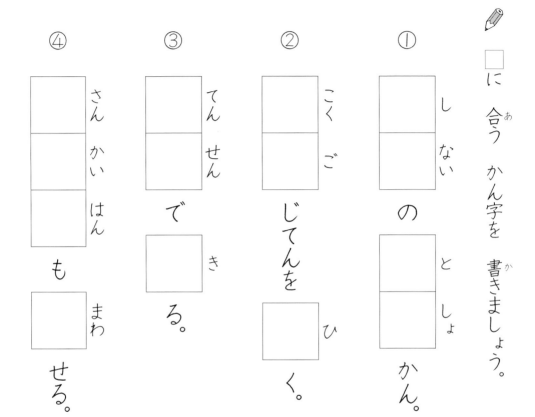

51 かん字 ⑪

（　）に 読《よ》みがなを 書《か》き、□には かん字を 書きましょう。

① 麦茶を（　　）　買う。（　　）

② 昼食の（　　）　時間。（　　）

③ 細い（　　）　三角形。（　　）

④ 近道を（　　）　行く。（　　）

① むぎ ちゃ □□

② じ かん □□

③ さん かく けい □□□

④ ちか みち □□

52 かん字 ⑫

□に 合《あ》う かん字を 書《か》きましょう。

① □《むぎ》□《ちゃ》を □《か》う。

② □《ちゅう》□《しょく》の □《じ》□《かん》。

③ □《ほそ》い □《さん》□《かく》□《けい》。

④ □《ちか》□《みち》を □《い》く。

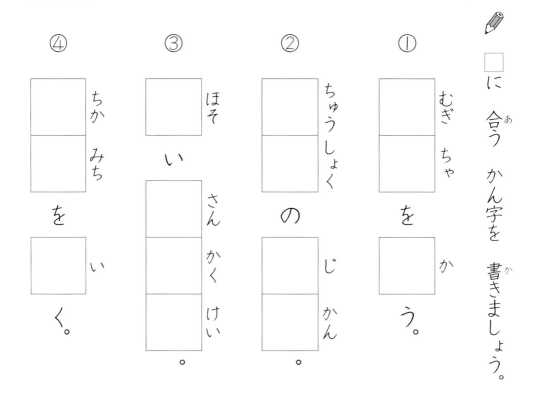

月　日

53 かん字 ⑬

（　）に 読《よ》みがなを 書《か》き、□には かん字を 書きましょう。

① （　）広場の （　）売店。

② （　）前線が （　）通る。

③ （　）頭で （　）計算する。

④ （　）秋の （　）台風。

ひろ ば □□

ぜん せん □□

けい さん □□

たい ふう □□

月　日

54 かん字 ⑭

□に 合《あ》う かん字を 書《か》きましょう。

① □《ひろ》□《ば》の □《ばい》□《てん》。

② □《ぜん》□《せん》が □《とお》る。

③ □《あたま》で □《けい》□《さん》する。

④ □《あき》の □《たい》□《ふう》。

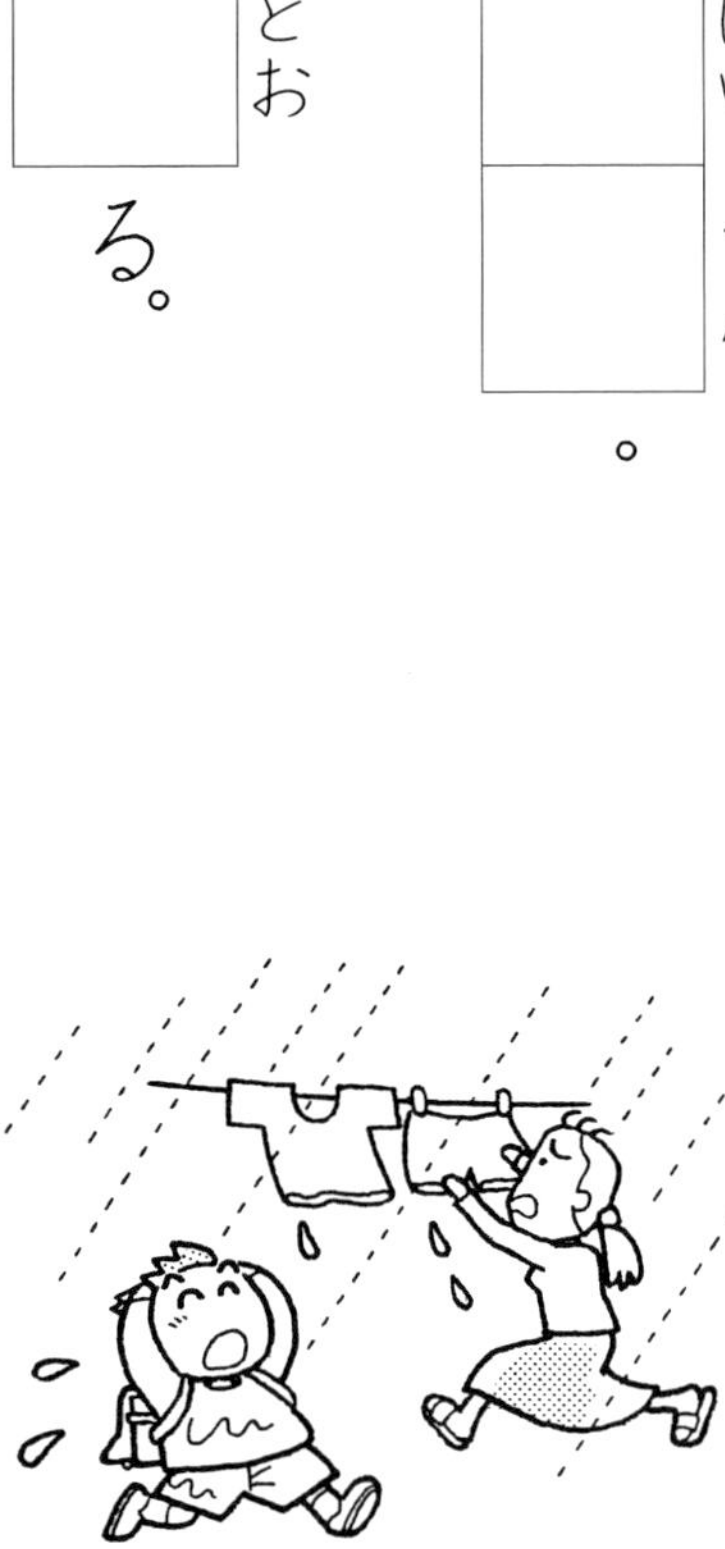

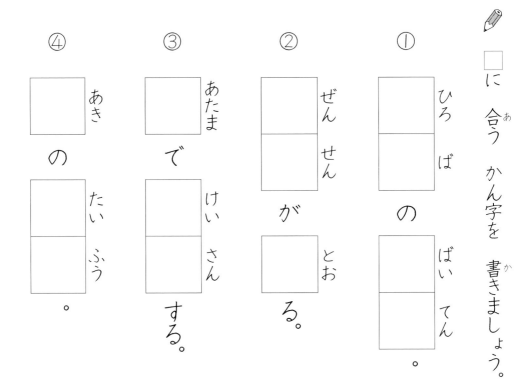

55 かん字 ⑮

（　）に 読《よ》みがなを 書《か》き、□には かん字を 書きましょう。

① （　）自分の（　）考え。（　）

② （　）一組の（　）教室。（　）

③ （　）万歩計の（　）数字。（　）

④ （　）毎週、ぼくは（　）走る。（　）

じ ぶん □□

きょう しつ □□

すう じ □□

まい しゅう □□

56 かん字 ⑯

□に 合《あ》う かん字を 書《か》きましょう。

① □《じ》□《ぶん》の □《かんが》え。

② □《いち》□《くみ》の □《きょう》□《しつ》。

③ □《まん》□《ぽ》□《けい》の □《すう》□《じ》。

④ □《まい》□《しゅう》、ぼくは □《はし》る。

郵 便 は が き

料金受取人払郵便

大阪北局
承 認
246

差出有効期間
2024年５月31日まで
※切手を貼らずに
お出しください。

５３０-８７９０

１５６

大阪市北区曽根崎２－11－16
梅田セントラルビル

清風堂書店
愛読者係 行

愛読者カード ご購入ありがとうございます。

フリガナ		性別	男 ・ 女
お名前		年齢	歳
TEL FAX	(　　)	ご職業	
ご住所	〒　　ー		
E-mail	@		

ご記入いただいた個人情報は、当社の出版の参考にのみ活用させていただきます。
第三者には一切開示いたしません。

□学力がアップする教材満載のカタログ送付を希望します。

●ご購入書籍・プリント名

●ご購入店舗・サイト名等（　　　　　　　　　　　　）

●ご購入の決め手は何ですか？（あてはまる数字に○をつけてください。）

1．表紙・タイトル　2．中身　3．価格　4．SNSやHP
5．知人の紹介　6．その他（　　　　　　　　）

●本書の内容にはご満足いただけたでしょうか？（あてはまる数字に○をつけてください。）

たいへん満足　5　4　3　2　1　不満

●本書の良かったところや改善してほしいところを教えてください。

●ご意見・ご感想、本書の内容に関してのご質問、また今後欲しい商品のアイデアがありましたら下欄にご記入ください。

ご協力ありがとうございました。

★ご感想を小社HP等で匿名でご紹介させていただく場合もございます。　□可　□不可

★おハガキをいただいた方の中から抽選で10名様に2,000円分の図書カードをプレゼント！
当選の発表は、賞品の発送をもってかえさせていただきます。

57 かん字 ⑰

（　）に 読《よ》みがなを 書《か》き、□には かん字を 書きましょう。

① （　）店内で（　）食べる。

② （　）太い（　）弓矢。

③ （　）里山の（　）絵画。

④ （　）来春には、（　）帰国する。

てん ない □□

ゆみ や □□

かい が □□

らい しゅん □□

58 かん字 ⑱

□に 合《あ》う かん字を 書《か》きましょう。

① □《てん》□《ない》で□《た》べる。

② □《ふと》い□《ゆみ》□《や》。

③ □《さと》□《やま》の□《かい》□《が》。

④ □《らい》□《しゅん》には、□《き》□《こく》する。

59 かん字 ⑲

月　日

（　）に 読《よ》みがなを 書《か》き、□には かん字を 書きましょう。

① 野原（　　）の 毛虫（　　）。

② 楽しい（　　） 遠足（　　）。

③ 広い（　　） 公園（　　）。

④ 理科室（　　）の 戸（　　）。

けむし □□

えん そく □□

こう えん □□

り か しつ □□□

月　日

60 かん字 ⑳

□に 合《あ》う かん字を 書《か》きましょう。

① □□《のはら》の □□《けむし》。

② □《たの》しい □□《えんそく》。

③ □《ひろ》い □□《こうえん》。

④ □□□《りかしつ》の □《と》。

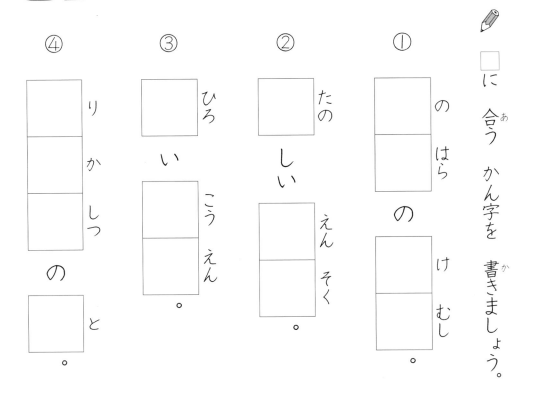

月　日

61 だれが

① たもつさんが、ボールで　あそびました。

② おとうさんが、ギョーザを　作《つく》ります。わたしは、おさらを　ならべました。

③ さくらさんが、ないていました。ひろしさんが、なぐさめました。

---

① だれが、ボールで　あそびましたか。

（　　さん　）

② ㋐だれが、ギョーザを　作ります
か。

（　　　　）

㋑おさらを　ならべたのは、だれ
ですか。

（　　　　）

③ だれが、なぐさめましたか。

（　　　　）

月　日

62 何が

①
空に　雲《くも》が　うかんでいます。
遠《とお》くで　汽《き》てきが　聞《き》こえます。

②
つくえの　上に、画用紙《がようし》が　おいてあります。つくえの　下には　けしゴムが　おちていました。

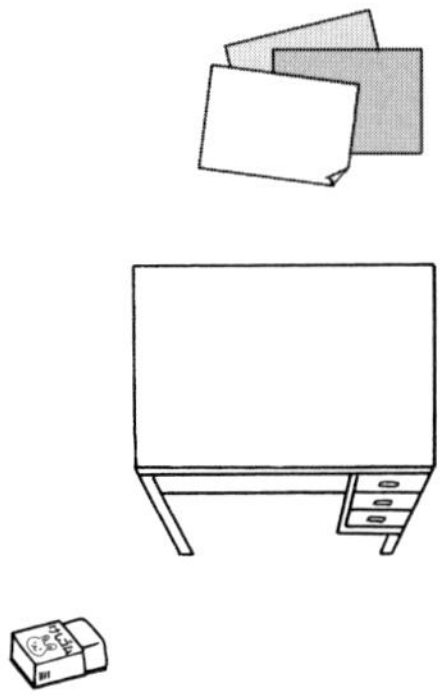

①㋐何《なに》が、空に　うかんでいますか。

（　　　　　　）

㋑何が、遠くで　聞こえましたか。

（　　　　　　）

②㋐何が、つくえの　上に　おいて　ありますか。

（　　　　　　）

㋑何が、つくえの　下に　おちて　いましたか。

（　　　　　　）

月　日

63 どうする

① みきさんは、かさを　さします。

② はるなさんは、色《いろ》えんぴつで　絵《え》を　かきます。

③ りょうさんは、たまごを　わります。

④ しょうさんは、かばんから　本を　とり出します。

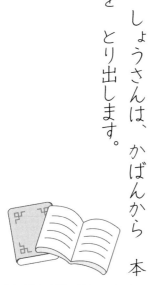

---

① みきさんは　どうしますか。
みきさんは、かさを
（　　　　　　）。

② はるなさんは、どうしますか。
はるなさんは、絵を
（　　　　　　）。

③ りょうさんは、どうしますか。
りょうさんは、たまごを
（　　　　　　）。

④ しょうさんは、どうしますか。
しょうさんは、本を
（　　　　　　）。

月　日

64 いつ

① きのう、家《か》ぞくで　おすしやさんに　行《い》きました。

② 夕方《ゆうがた》、雨が　ふりました。

③ わたしは、一年生の　時《とき》に　てん校してきました。

④ あさって、遠足《えんそく》に　行きます。

---

① おすしやさんに　行ったのは、いつですか。

（　　　　）

② 雨が　ふったのは、いつですか。

（　　　　）

③ てん校してきたのは、いつですか。

（　　　　）

④ 遠足に　行くのは、いつですか。

（　　　　）

月　日

65 どこで

① ぼくたちは、広場《ひろば》で　サッカーを　しました。

② 父《ちち》は、毎日《まいにち》　工場《こうじょう》で　はたらいています。

③ 午前中《ごぜんちゅう》に、エコバッグを　もって、しょう店《てん》がいへ　買《か》いものに　行《い》きました。

① ぼくたちは、どこで　サッカーを　しましたか。

（　　　　で）

② 父は、毎日　どこで　はたらいていますか。

（　　　　で）

③ 午前中に　買いものに　行ったのは、どこですか。

（　　　　）

66 なぜ

月　　日

① とても　あついから、わたしは　ぼうしを　かぶって　行《い》きました。

② 大雨が　ふったので、川の　水が　あふれ出しました。

③ 声《こえ》が　聞《き》こえたから、ぼくは　ふりかえりました。

④ のどが　かわいたので、水を　のみました。

---

① ぼうしを　かぶって　行ったのは、なぜですか。

（　　　　　　　　）から。

② 川の　水が　あふれ出したのは、なぜですか。

（　　　　　　　　）ので。

③ なぜ、ぼくは　ふりかえったのですか。

（　　　　　　　　）から。

④ なぜ、水を　のんだのですか。

（　　　　　　　　）

月　日

67 どんな

① 道《みち》ばたに、小さな　花が　さいていました。

② おばあちゃんに、新《あたら》しい　ふくを　買《か》ってもらいました。

③ りすが、するすると　木に　のぼっていきました。

④ ほのおが、めらめらと　ゆれていました。

---

① 道ばたに、どんな　花が　さいていましたか。

（　　　　　）花

② どんな　ふくを　買ってもらいましたか。

（　　　　　）ふく

③ りすは、どのように　木に　のぼっていきましたか。

（　　　　　と）

④ ほのおは、どのように　ゆれていましたか。

（　　　　　と）

68 ざしきぼっこの話

明《あか》るい昼間《ひるま》、みんなが　山へ　はたらきに　出て、こどもが　ふたり、にわで　あそんでおりました。大きな　家《いえ》に　だれも　おりませんでしたから、そこらは　しんと　しています。

ところが家の、どこかの　ざしきで、ざわっざわっと　ほうきの　音が　したのです。

ふたりの　こどもは、おたがいかたに　しっかりと　手を　組《く》み合《あ》って、こっそり　行《い》ってみましたが、どの　ざしきにも　だれも　いず、刀《かたな》の　はこもひっそりとして、かきねの　ひのきが　いよいよ　青く　見えるきり、だれも　どこにもいませんでした。

（宮沢賢治《みやざわけんじ》／青空文庫《あおぞらぶんこ》）

---

① ふたりの　こどもは、どこで　何《なに》を　していましたか。

どこで（　　　　）

何を（　　　　）

② どこで　ほうきの　音が　しましたか。

（　　　　）で

③ ふたりの　こどもは　どうしましたか。

おたがい（か　　　　）、（　　　　）みた。

月　日

69 ねこ

黒《くろ》ねこは、うちの 人たちが、遠《えん》方《ぽう》へ 引《ひ》っこして行《い》くときに、すてて行ってしまったので、その日から ねる ところも なければ、また、朝《あさ》ばん 食《た》べものを もらう ことも できませんでした。

しかたなく、昼間《ひるま》は あちらの ごみばこを あさり、こちらの ※おかって口《ぐち》を のぞき、夜《よる》に なると、知《し》らぬ 家《いえ》の ひさしの 下や、ものおきごやのような ところに うずくまって、ねむったのであります。

（小川未明《おがわみめい》／青空文庫《あおぞらぶんこ》）

※おかって口…台どころの入り口

① うちの 人たちは、黒ねこを どうしましたか。

・引っこして行くときに、

（　　　　）

② しかたなく、昼間は どうしましたか。

（あちらの　　　　）

（こちらの　　　　）

③ 夜は、どこで ねましたか。

（　　　　）の下や

（　　　　）ところ。

70 オオカミと七ひきのヤギ

おかあさんヤギは、メエ、メエ ないて、あん心して でかけました。

それから まもなく、おもての 戸《と》を トントンと たたく ものが ありました。そして、

「ぼうやたち、あけておくれ。おかあさんだよ。みんなに、いい ものを もってきて やったよ。」

という ㋐声が しました。

けれども、その声《こえ》が しゃがれて いましたので、子ヤギたちには、すぐ オオカミだという ことが わかりました。


（グリム／矢崎源九郎《やざきげんくろう》 訳《やく》／青空文庫《あおぞらぶんこ》）

---

① おかあさんヤギは、どんな気もちで でかけましたか。

（　　　　）でかけました。

② ㋐は、何《なん》と 言《い》いましたか。

（ぼ　　　　）

（み　　　　）

③ ㋐は、どんな声でしたか。

（　　　　）いました。

71 道あん内する 虫

月　日

道《みち》あん内《ない》を　してくれる　虫がいるのを　知《し》っていますか。ハンミョウという虫で、タマムシのような㋐うつくしい　色《いろ》を　していま
す。

ハンミョウは、㋑人が近《ちか》づくと　数《すう》メートル先にふわーっと　とんで　ちゃく地《ち》します。人の　目の前《まえ》を　とぶので、まるで　道あん内しているように　見えるのです。

① 道あん内を　してくれる　虫は、何《なん》という　虫ですか。

（　　　　　）

② ㋐は、何《なに》のような　色ですか。

（　　　　　）

③ ㋑のとき　どうしますか。

ふわーっと　とんで

（　　　　　）します。

④ なぜ、道あん内しているように見えるのですか。

（　　　　　）から。

月　日

72 ホットケーキ

あなたは、㋐ホットケーキが　すきですか。

ホットケーキは、小麦《こむぎ》こに　たまごや　牛にゅうなどを　まぜて、やいた　食《た》べものです。

パンケーキとも　言《い》われます。

ずっと　むかしに、ギリシャという　国《くに》で　作《つく》られたのが　はじまりと　されています。

日本には、百年ほど前《まえ》に　外国《がいこく》から　つたえられました。

あたたかい　ケーキだから　ホットケーキと　名づけられ、長《なが》い間《あいだ》　そう　よばれてきました。

① ㋐は、小麦こに　何を　まぜて　やきますか。

（　　　　　）

② ㋐は、何《なに》とも　言われますか。

（　　　　　）

③ 日本には、いつごろ　つたえられましたか。

（　　　　　）

④ なぜ、ホットケーキと　名づけられたのですか。

（　　　　　）

月　日

73 水ぞくかんの 岩

あなたは、水ぞくかんに 行《い》った ことが ありますか。水ぞくかんには、大きな 岩《いわ》が 入っている 水そうが あります。

あのような 岩を どこから とってきて、どのように して 水そうに 入れるのでしょうか。

じつは、あの岩は 本ものの 岩では なく、作《つく》った 岩なのです。かたい プラスチックや ガラスで 強《つよ》く した コンクリートで 作られています。

工場《こうじょう》で てき当《とう》な 大きさに 切《き》った あと、水ぞくかんで それを 組《く》み立てます。

---

① 水ぞくかんの 大きな 岩に ついて、正しい 方《ほう》に ○を つけましょう。

㋐（　　）海《うみ》から とってきた。

㋑（　　）人が 作った。

② ――は 何《なに》で 作られていますか。

（　　　　）や、

（　　　　）

コンクリート。

③ どこで、作った 岩を 切りますか。

（　　　　）で。

月　日

74 ラクダ

あなたは、ラクダを 見た ことが ありますか。

ラクダは、せ中《なか》に こぶが ある どうぶつです。何日《なんにち》も 水を のまないで、さばくで くらしています。

ラクダに こぶが あるのは、こぶの 中に 「しぼう」 という えいようが 入っているからです。こぶの 中の しぼうを、水に かえて 生きています。

こぶの 中に 水が 入っている という わけでは ありません。

① ラクダの せ中には、何《なに》が ありますか。

（　　　　）

② ラクダは、どこで くらしていますか。

（　　　　）

③ こぶの 中には、何が 入っていますか。

（　　　　）という えいよう。

④ ③を 何に かえていますか。

（　　　　）

75 ツバメ

・ツバメは、なぜ 人間《にんげん》の 家《いえ》に すを 作《つく》るのでしょう。

もともと ツバメは、岩《いわ》に ある 大きな あなに すを 作っていました。

しかし、人間が 家を 作って すむように なると、そこに すを 作るように なりました。

なぜなら、たまごや ひなを まもるためです。 てきが 近《ちか》づかないので、おそわれる 心《しん》ぱいが 少《すく》ないのです。

ツバメが すを 作ると、その 家の 家ぞくが びょう気に ならないと 言われています。

---

① ツバメは、どこに すを 作りますか。

（　　　　　　）

② ツバメは、もともと どこに すを 作っていましたか。

（　　　　　　）

③ 人間の 家に すを 作るように なったのは、なぜでしょう。

（　　　　　　）ため。

月　日

76 クモの 糸

クモは、すの 糸に かかった虫を 食《た》べます。

クモの すの 糸は、中心《ちゅうしん》から外《そと》に 広《ひろ》がっている「たて糸」と中心の まわりに うずまきのように はっている「よこ糸」で できています。

よこ糸は、ねばねばしていて、たて糸は ねばねばしていません。

クモは、ねばねばしていない たて糸の 上を 歩《ある》いているので、自《じ》分《ぶん》の すに ひっかからないのです。

---

① クモは、何《なに》を 食べますか。

（ す ）

② クモの すは、何から できて いますか。

（　　）と（　　）

③ クモは、②の どちらを 歩いて いますか。それは、なぜですか。

㋐（　　）

㋑（　　）ように。

月　日

77 電話を かける とき

電話《でんわ》を かける とき、なぜ 「もしもし」と 言《い》うのでしょうか。

理《り》ゆうは、二つ あります。

これから 話《はなし》を します。という いみの 「もうします。もうします。」から 「もしもし」と なったと いうのが、一つ目の 理ゆうです。

二つ目は、知《し》らない 人に 声《こえ》を かける ときに 「もしもし」と よびかけるから ということです。

アメリカでは 「ハロー」と よびかけます。

---

① 電話を かける とき、何《なん》と 言いますか。

（「　　」）

② その 理ゆうは、いくつ ありますか。

（　　）

③ 何という ことばが「もしもし」と なりましたか。

（「　　」）

④ アメリカでは、何と言いますか。

（　　）

月　日

78 回てんずし

みなさんは、回《かい》てんずしやさんによく　行《い》きますか。あの　回《まわ》る　すしは、どのように　考《かんが》え出《だ》されたのでしょうか。

今《いま》から　六〇年も前《まえ》、おおさかのおすしやさんが、すしを　にぎる人が　足《た》りなくなったので　こまっていました。

ある　日、ビール工場《こうじょう》の　ベルトコンベアーを　見《み》て、おすしを　おさらに　入れて　回す　ことを　思《おも》いつきました。

それから、ぜん国《こく》に　広《ひろ》がりました。

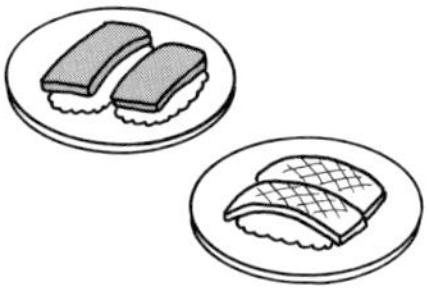

---

① 回てんずしが　できたのは、今から　何年前《なんねんまえ》ですか。

（　　　　）も前

② どこの　おすしやさんが、考えましたか。

（　　　　）

③ どこの　何《なに》を　見て、思いつきましたか。

どこ（　　　　）

何（　　　　）

月　日

79 ゆうびんポスト

わたしたちが　手紙《てがみ》などを　おくる　ときに　つかう　ゆうびんポストは、赤い　色《いろ》をしています。

日本に　はじめて　ゆうびんポストが　できたのは、今《いま》から　一五〇年いじょうも　前《まえ》の　ことです。

そのころは、まだ　ポストは　木で　作《つく》られていて　黒《くろ》い　色をしていました。今のように　赤い　色では　ありませんでした。

ゆうびんポストが　㋐赤く　なったのは、はじめての　ポストが　できてから　四〇年後《ねんご》の　ことです。

よく　目立つように、イギリスにならって　赤い　色に　なりました。

---

① 今の　ゆうびんポストは、何色《なにいろ》ですか。

（　　　　）

② 今から　一五〇年ほど前の　ポストは、何色でしたか。

（　　　　）

③ ㋐は、いつですか。

はじめての　ポストが　できてから

（　　　　）

④ ㋐は、どうしてですか。

（　　　　）

80 おやつ

午後三時《ごごさんじ》ごろに　食《た》べる　おかしなどの　ことを「おやつ」と　言《い》います。この　おやつという　ことばは、何《なに》から　きた　ことばなのでしょうか。

それは、むかしの　時こくの　数《かぞ》え方《かた》から　きています。

むかしは、午後二時から　四時までの　時間《じかん》を「八《や》つどき」と言《い》っていました。

それで、八つどきに　食べる　おかしの　ことを　おやつと　言うようになりました。

① 午後三時ごろに　食べる　おかしなどを、何《なん》と　言いますか。

（　　　　）

② 「おやつ」という　ことばは、何から　きていますか。

（　　　　）

③ 「八つどき」とは、午後何時から　何時までですか。

（　　）から

（　　）まで。

答え

1
① ミルク
② ココア
③ ガラス
④ バケツ
⑤ ピアノ
⑥ クイズ
⑦ ゴム
⑧ ドア
⑨ ナイフ
⑩ ポスト

2
① シール
② ケーキ
③ チーム
④ ハート
⑤ ゴール
⑥ メール
⑦ ハーモニカ
⑧ ハンバーグ

3
① カップ
② キップ
③ モップ
④ ノック
⑤ ヨット
⑥ ラッパ
⑦ ロケット
⑧ カスタネット

4
① テント
② キング
③ ランチ
④ タンク
⑤ サンタ
⑥ バトン
⑦ ジャングル
⑧ キャンディー

5
① わたしは、ねこをだいています。
② おかあさんを むかえに行きました。
③ おとうとと、うでずもうを しました。
④ おおきなゆのみぢゃわんでのみます。

6
① わたしは、二年生です。
② けしゴムを、おとしました。
③ おつかいで、はなを 買いました。
④ えきまえの店へ 行きました。

7
① なつやすみ
② ほうせきばこ
③ つみかさねる
④ はしりまわる

8
① ひこうき＋くも
② きく　＋ながす
③ なく　＋さけぶ
④ たべる　＋のこす

答え

9
① じしん
② じかん
③ はなぢ
④ かんじ
⑤ すうじ
⑥ じしゃく
⑦ みぢかな
⑧ じまん話
⑨ めぢから
⑩ じめん

10
① ずが工作
② つづく
③ ずつう
④ みかづき
⑤ にんずう
⑥ こづつみ
⑦ せんばづる
⑧ かなづち
⑨ だいず
⑩ 赤ずきんちゃん

11
① みじかい
② さむい
③ ひくい
④ おそい
⑤ 近い
⑥ まける
⑦ へる
⑧ 下がる

12
① わたしは、弟と学校へ行きます。
② 犬が、手をペロペロとなめました。
③ 夕方、きゅうに雨がふってきました。

13
① 公園で、せみが鳴いている。
② たくさんのはとが、いっせいにとび立った。
③ みんなで、きゅう食の用いをする。

14
「おかえり。」

「ただいま。」

「おねえちゃん　あそぼう。」

「どうしようかなあ。」

15
① 校長先生は
② 姉は
③ きつねが
④ 自どう車が
⑤ からすが

16
① 鳴いています
② 行きました
③ ふりました
④ はらいまいた
⑤ 食べました

17
① 赤い
② つめたい
③ とても
④ 三びきの
⑤ 強い

答え

18 ① 2
② 1
③ 1, 3
④ 2, 3

19 ① 学校でかっているうさぎにえさをやった。
② 夏休みに、ラジオ体そうをみんなでした。
③ かわいいりすが、どんぐりをさがしていた。

20 ① これ
② それ
③ あれ
④ どれ

21 ① どこ
② ここ
③ あそこ
④ そこ

22 ① それとも
② でも
③ だから
④ ところが

23 ① それから
② だから
③ でも
④ すると

24 ②、⑤、⑥、⑧、⑨

25 ① 止める
② くずす
③ けす
④ わる

26 ① つめたい
② 高い
③ やわらかい
④ 明るい
⑤ うれしい

27 ① すくすく
② しとしと
③ ゆらゆら
④ くんくん
⑤ そよそよ

28 ① 夏休みは学校に行きません。
② わたしの家では、犬をかっていません。
③ 休み時間に、なわとびをしません。

29 ① あしたの朝は、早くおきなさい。
② つくえの上を、きれいにかたづけなさい。
③ 家に帰ったら、うがいをしなさい。

答え

30 ① 外は、雨がふっていますか。
② 朝ごはんに、パンを食べましたか。
③ きのうの夜は、早くねましたか。

31 ① 父母 → 母牛 → 牛肉
② 正直 → 直通 → 通行
③ 今夜 → 夜半 → 半分
④ 麦茶 → 茶店 → 店長
⑤ 父親 → 親切 → 切手

32 ① 遠足 → 足形 → 形見
② 一言 → 言語 → 語学
③ 強風 → 風雪 → 雪雲
④ 書道 → 道草 → 草原
⑤ 本音 → 音楽 → 楽園

33 ① 北風 → 風雨 → 雨雲
② 戸外 → 外海 → 海草
③ 自分 → 分野 → 野原
④ 船出 → 出場 → 場数
⑤ 来店 → 店番 → 番地

34 ① （前後）左右
② （一方）通行
③ （東西）南北
④ （海上）交通
⑤ （林問）学校

35 ① （春夏）秋冬
② （図画）工作
③ （兄弟）姉妹
④ （秋雨）前線
⑤ （計算）用紙

36 ① 会
② 科
③ 園
④ 親

37 ① 語
② 場
③ 活
④ 雪

38 ① 道
② 風
③ 直
④ 社

39 ① 夜 ② 新しい ③ 冬 ④ 後
⑤ 西 ⑥ 少ない ⑦ 雨 ⑧ 妹
⑨ 弱い ⑩ 外

答え

40 ① 頭
② 顔
③ 首
④ 体
⑤ 毛
⑥ 聞
⑦ 走
⑧ 歩
⑨ 話
⑩ 食

41 ① なんせい　いちばんぼし
南西
② たい（いく）　じかん
時間
③ ふる（い）　しんぶんし
新聞紙
④ こうつう
交通

42 ① 南西　一番星
② 体いく　時間
③ 古（い）　新聞紙
④ 交通ルール

43 ① い（き）ど（まり）　みち
行（き）止（まり）
② あ（い）こと（ば）　なに
合（い）言（ば）
③ やがい　きょうふう
強風
④ こころ　なか　おも（う）
心（の）中

44 ① 行（き）止（まり）　道
② 合（い）言（ば）　何
③ 野外　強風
④ 心（の）中（で）　思（う）

45 ① ちょくせん　ひ（く）
直線
② ちょうかい　うたごえ
朝会
③ ちじん　かたな
知人
④ すく（ない）　てんすう
点数

46 ① 直線　引（く）
② 朝会　歌声
③ 知人　刀
④ 少（ない）　点数

47 ① ほそなが（い）くび
細長（い）
② しゅんかしゅうとう（の）え
春夏秋冬
③ こんしゅう　とうばん
今週
④ どうじ　ひ（っぱる）
同時

答え

48
① 細長（い）　首
② 春夏秋冬　絵
③ 今週　当番
④ 同時　引（っぱる）

49
① しない　としょ（かん）
市内
② こくご　ひ（く）
国語
③ てんせん　き（る）
点線
④ さんかいはん　まわ（せる）
三回半

50
① 市内　図書（かん）
② 国語　引（く）
③ 点線　切（る）
④ 三回半　回（せる）

51
① むぎちゃ　か（う）
麦茶
② ちゅうしょく　じかん
時間
③ ほそ（い）　さんかくけい
三角形
④ ちかみち　い（く）
近道

52
① 麦茶　買（う）
② 昼食　時間
③ 細（い）　三角形
④ 近道　行（く）

53
① ひろば　ばいてん
広場
② ぜんせん　とお（る）
前線
③ あたま　けいさん
計算
④ あき　たいふう
台風

54
① 広場　売店
② 前線　通（る）
③ 頭　計算
④ 秋　台風

55
① じぶん　かんが（え）
自分
② いちくみ　きょうしつ
教室
③ まんぽけい　すうじ
数字
④ まいしゅう　はし（る）
毎週

答え

56 ① 自分　考（え）
② 一組　教室
③ 万歩計　数字
④ 毎週　走（る）

57 ① てんない　た（べる）
店内
② ふと（い）　ゆみや
弓矢
③ さとやま　かいが
絵画
④ らいしゅん　きこく
来春

58 ① 店内　食（べる）
② 太（い）　弓矢
③ 里山　絵画
④ 来春　帰国

59 ① のはら　けむし
毛虫
② たの（しい）　えんそく
遠足
③ ひろ（い）こうえん
公園
④ りかしつ（の）と
理科室

60 ① 野原　　毛虫
② 楽（しい）　　遠足
③ 広（い）　　公園
④ 理科室　　戸

61 ① たもつさん
② ㋐ おとうさん
㋑ わたし
③ ひろしさん

62 ① ㋐ 雲
㋑ 汽てき
② ㋐ 画用紙
㋑ けしゴム

63 ① さします（さす）
② かきます（かく）
③ わります（わる）
④ とり出します（とり出す）

64 ① きのう
② 夕方
③ 一年生（の時）
④ あさって

65 ① 広場で
② 工場で
③ しょう店がい（へ）

答え

66 ① とても　あつい
② 大雨がふった
③ 声が聞こえた
④ のどが　かわいたので

67 ① 小さな
② 新しい
③ するすると
④ めらめらと

68 ① どこで：にわで
何を：あそんでいた（おりました）
② 家のどこかのざしきで
③ かたに　しっかりと手を組み合って、
こっそり行って

69 ① すてて行ってしまった
② （あちらの）ごみばこをあさり（る）、
（こちらのおかって口をのぞき（く）
③ 知らぬ家のひさし（の下や）、
ものおきごやのような（ところ）

70 ① あん心して
② ぼうやたち、あけておくれ。
おかあさんだよ。
みんなにいいものをもってきてやったよ。
③ しゃがれて（いました）

71 ① ハンミョウ
② タマムシ
③ 数メートル先にちゃく地
④ 人の目の前をとぶ（から）

72 ① たまごや牛にゅう
② パンケーキ
③ 百年ほど前
④ あたたかいケーキだから。

73 ① ㋑
② かたいプラスチック（や）
ガラスで強くした（コンクリート）
③ 工場（で）

74 ① こぶ
② さばく
③ しぼう
④ 水

75 ① 人間の家
② 岩にある大きなあな
③ たまごやひなをまもる

76 ① すの糸にかかった虫
② たて糸（と）よこ糸
③ ㋐ たて糸
㋑ 自分のすにひっかからない（ように）。

答え

77 ① もしもし
② 二つ
③ もうします。もうします。
④ ハロー

78 ① 六〇年（も前）
② おおさか
③ どこ：ビール工場
何：ベルトコンベアー

79 ① 赤（い色）
② 黒（い色）
③ 四〇年後
④ よく目立つように

80 ① おやつ
② むかしの時こくの数え方（から）
③ 午後二時（から）
四時（まで）